Vorwort

Liebe Leserin, lieber Leser,

wir freuen uns sehr darüber, dass unser Kunstführer nun aufgeschlagen vor dir liegt! Hast du Lust auf eine wirklich fantastische Reise in die Bilderbuchwelten von Nikolaus Heidelbach? Wir haben von Heidelbachs Bilderbüchern für dich drei ausgewählt, die uns persönlich besonders gut gefallen und alle im Verlag Beltz & Gelberg erschienen sind.

Nikolaus Heidelbachs Erdmännchen aus „Königin Gisela" werden dich auf deiner Entdeckungstour durch den Kunstführer begleiten. Sie machen dich auf Besonderes in Heidelbachs Illustrationen (Bildern) aufmerksam. Du erfährst Interessantes aus seiner Kindheit und darüber, wie er schließlich Bilderbuchkünstler wurde.
Wir öffnen für dich Nikolaus Heidelbachs Arbeitszimmer und schauen ihm beim Malen über die Schultern. Falls du Lust hast, kannst du im Buch interessante Sachinformationen über Aquarellmalerei, Ideenfindereien, Seehundgeschichten, Erdmännchen und mehr lesen. Du erfährst, wie du selbst ganz einfach Aquarellfarben herstellen kannst. Schulkinder zeigen dir, wie sie zur Oldenburger Kinder- und Jugendbuchmesse KIBUM – inspiriert von Heidelbachs Bilderbüchern – eigene experimentelle Bücher entwickeln und produzieren. Bist du neugierig geworden?
Wir wünschen dir viel Vergnügen beim Lesen, Gucken, Entdecken!

Sandra Langenhahn und Regina Peters

Wir möchten Nikolaus Heidelbach herzlich danken, dem Verlag Beltz & Gelberg und CeWe Color für die Unterstützung. Unser großer Dank gilt dem Künstlerpaar Yaxin Yang und Feipeng Jiang, die für das Layout des Kunstführers sorgten.

Eine Publikation im Rahmen der 37. Oldenburger Kinder- und Jugendbuchmesse KIBUM.

Nikolaus Heidelbach – Bilder erzählen aus seinem Leben

Steckbrief:

Geburtstag: 4. Dezember 1955
Geburtsort: Braubach am Rhein
Beruf: Illustrator und Autor
Erstes Kinderbuch, das gedruckt wurde: „Das Elefantentreffen" (1982)
Hobby: „nix" (sagt er)
Lieblingsbücher aus seiner Kindheit und Jugend: „Babar", „Carlino Caramel", „Gotische Malerei"
Lieblingstext: „In einem kühlen Grunde, da geht ein Mühlenrad …"
Lieblingsmusik: Schubert, Mozart (Opern), Wagner, Zappa, Blues
Lieblingsfarbe: keine
Lieblingsmalutensilien: Aquarellfarben und -pinsel, Zeichentusche und Feder
Lieblingszeichner/-maler und Vorbilder: Wilhelm Busch, Loriot und Edward Gorey
Lieblingszeichnung: „Herr und Frau Knopp morgens im Bett" von Wilhelm Busch

Sicher haben die Eltern von Nikolaus damit gerechnet, dass er zwei Tage später zur Welt kommt. Aber dazu war er wohl zu neugierig.

Auswahl wichtiger Preise:

1982 - Oldenburger Kinder- und Jugendbuchpreis für „Das Elefantentreffen oder 5 dicke Angeber"
1984, 1986 und 1988 - Troisdorfer Bilderbuchpreise
1995 - Bologna Ragazzi Award für „Was machen die Mädchen?"
2000 - Sonderpreis Illustration des Deutschen Jugendliteraturpreises für sein Gesamtwerk
2007 - Deutscher Jugendliteraturpreis in der Sparte Bilderbuch für „Königin Gisela"

Nikolaus Heidelbach erfand zu Beginn der 90er Jahre einen kleinen Bilderbuchhelden, den er Albrecht Fafner nannte. Er hat sich Albrecht so ausgedacht, dass er ihm selbst ähnelt. In einem Interview sagte er sogar: „Albrecht Fafner bin ich!" Heidelbach macht mit Albrecht immer wieder Späße: Er versteckt ihn in seinen anderen Bilderbuchgeschichten.

Albrecht ist außerdem der zweite Vorname von Nikolaus Heidelbach. Und Fafner heißt ein Riese in einer Oper von Richard Wagner.

Nikolaus wuchs in Braubach mit seinen vier Geschwistern auf. Am Städtchen fließt der Rhein entlang und an seinem Ufer konnte er den Schiffen nachschauen.

Welche Gemeinsamkeiten kannst du auf den beiden Bildern entdecken?

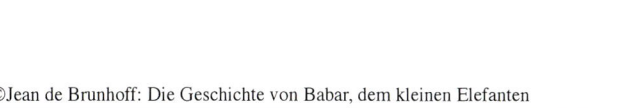
©Jean de Brunhoff: Die Geschichte von Babar, dem kleinen Elefanten

Eines seiner absoluten Lieblingsbücher als ganz Kleiner war „Die Geschichte von Babar, dem kleinen Elefanten". Auf den Bildern fand Nikolaus alles gemalt, was ihn selbst in Braubach umgab. Die Landschaft, durch die der kleine Elefant Babar fährt, ähnelt nämlich der Braubachs, dem kleinen verwunschenen Städtchen.

Sein Papa Karl Heidelbach, den du auf dem Foto siehst, war zunächst Lehrer, später wollte er nur noch malen und arbeitete dann als Künstler. Nikolaus sah seinem Vater oft beim Malen seiner Bilder zu. Davon war er sehr beeindruckt. Der kleine Nikolaus erfand Geschichten, mit denen er sich seine Tage aufregender und spannender machte. Im gebastelten Leporello „Als ich klein war" zeichnete und schrieb Nikolaus Heidelbach später für sich als Erwachsener von seinen ausgedachten Abenteuern.

Noch eine andere Zeichnung faszinierte Nikolaus in dem Buch „Babar". Bis heute kann er sich an sie erinnern. Sie zeigt Babar in der großen Stadt in einem Fahrstuhl. Nikolaus gefiel, wie die technischen Funktionen des Fahrstuhls dargestellt sind, das fand er einfach schön.

Diese Bilder prägten sich unauslöschlich in das Gedächtnis des Bilderbuchkünstlers ein und beeinflussen seine Art zu malen bis heute.

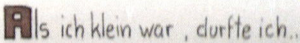

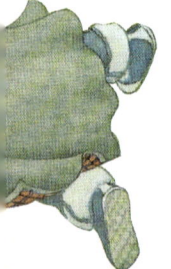

Welche ausgedachten Abenteuer erlebst du manchmal mit Hilfe deiner Fantasie?

©Nikolaus Heidelbach: Kinderparadies

Nikolaus war schon als Kind ein richtiger Bücherwurm. Oft schaffte er es sogar, zwei Bücher an einem Tag zu lesen. So hatte er sich bald durch die gesamte Kinderliteratur in der Katholischen Öffentlichen Bücherei gelesen. Seine Mama gab ihm einen Zettel für die Bibliothekarin mit, auf dem geschrieben stand: „Nikolaus Heidelbach darf alles lesen und alles ausleihen!" Nikolaus – neugierig und wissbegierig wie er war – schmökerte daraufhin in der Bücherei nur noch in Büchern für Erwachsene.

Besonders gerne las er Grusel-Schocker, immer unter den strengen Blicken der Bibliothekarin.

Hier siehst du den elfjährigen Niko, wie er in einem Roman schmökert. Sein Vater hat ihn dabei gezeichnet.

Nikolaus las aber nicht nur, sondern zeichnete auch leidenschaftlich gern. Immer wieder beobachtete er seinen Vater und sah dabei, wie er Menschen oder andere Dinge malte. So verbrachte er viel Zeit damit, entweder selbst zu malen und zu zeichnen oder dabei zuzuschauen.

Wie gut muss man eigentlich als Kind malen können, wenn man ein solch' großartiger Maler werden will?

Als er aber ungefähr elf Jahre alt war, hörte er zunächst auf zu malen und zu zeichnen. Er hatte jetzt mehr Spaß daran, zu basteln, Kleider zu nähen und Puppen oder Marionetten zu bauen. Zum Beispiel baute er Ringo Starr – den Schlagzeuger der damals angesagten englischen Rockgruppe The Beatles – als Puppe. Aus Nivea-Dosen bastelte er für Ringo ein Schlagzeug.

Aber das Malen und Zeichnen ließ ihn nicht los, schon mit 14 Jahren begann er, erneut zu zeichnen. Nikolaus Heidelbach erinnert sich: „Ich hab da gezeichnet wie ein Wahnsinniger. Meistens übrigens Selbstporträts, meine Hände, meine Füße …
Es gibt eine Zeichnung von Albrecht Dürer, die hat er mit 13 gemacht, ein Selbstporträt. Eine solche Zeichnung habe ich auch gemacht. Ich habe gesehen, wie viele Fehler ich mache. Bei der Dürer-Zeichnung meinte ich aber auch Fehler zu sehen. Und dachte deshalb, wenn der so viele Fehler macht, wie ich mache, dann kann ich das auch probieren."

Die Zeichnung von Albrecht Dürer sieht doch eigentlich ziemlich perfekt aus. Findest du Fehler darin?

Dürer gehört bis heute zu seinen großen Vorbildern im Zeichnen. Er hatte als Jugendlicher einen Traum: „Mit 15 wollte ich der Albrecht Dürer des 20. Jahrhunderts werden."

Da er seinen Vater sehr bewunderte, war ihm wichtig zu erfahren, was er von seinen Bildern hält. Doch der Vater lobte ihn nicht, sondern nahm seine Zeichnungen gar nicht ernst: „Die Bilder habe ich meinem Vater gezeigt, und er hat mich mit einer sehr rigorosen Methode, nämlich durch schallendes Gelächter, sehr abgehärtet. Ich habe mich aber nicht entmutigen lassen und habe jahrelang versucht, realistisch zu zeichnen."

> Realistisch zeichnen oder malen heißt, dass das Bild fast aussieht wie die Wirklichkeit selbst.

Er erkannte für sich, dass er Bilder malen muss, die etwas Eigenes haben, etwas Unverwechselbares. Dabei machte er eine erste wichtige Entdeckung: Komisches und Lustiges zu zeichnen, gelang ihm besonders gut. Am liebsten erzählte Nikolaus mit seinen Bildern Geschichten. So begann er, zu seinen Bildern Geschichten zu erfinden und daraus erste Bücher herzustellen: „Ich fing dann an, richtige Bücher zu machen. Die hab ich für mich selber mit Tesa zusammengeklebt. Wahrscheinlich das erste dieser Bücher ist der ‚Bollenaal'."

  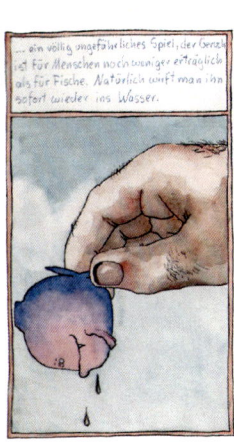  

„Bei uns heißt Kugel – Bollen. Der Bollenaal ist ein kugelförmiger Aal, der stinkt wie die Pest. Deswegen hat er auch keine Freunde. Davon hab ich, glaub ich, drei oder vier Fassungen gemacht. Meine Geschwister haben sich sehr amüsiert: ‚Der sitzt den ganzen Tag am Tisch und malt an einem Fisch rum, der stinkt'."

Hier siehst du einige Abbildungen aus dem „Bollenaal". Als Nikolaus Heidelbach daran arbeitete, war er etwa 18 Jahre alt.
Für diese Arbeiten interessierte sich nun auch sein Vater, denn die Komik in diesen Büchern gefiel ihm.

Ein anderes dieser selbst hergestellten Bücher heißt: „Das Fest".

Ein Jahr, nachdem er dieses Buch gemacht hatte, ging Nikolaus Heidelbach nach Berlin, um sein Studium der Deutschen Sprache und Literatur sowie Theaterwissenschaften fortzusetzen und zu beenden.
Heute lebt er in Köln. Nach zwei Büchern für Erwachsene erschien 1982 sein erstes Kinderbuch. Endlich konnten nun auch viele Kinder seine Geschichte und seine Bilder anschauen und lesen.

In der Geschichte geht es um einen kleinen Jungen, der von seinen Eltern die Erlaubnis erhält, seinen Geburtstag so feiern zu dürfen, wie er es will. „Und dann kommen da die seltsamsten Leute. Ein Indianerhäuptling, ein afrikanischer König, ein australischer Brieffreund, ein Gewichtheber … Die tauschen Sachen, tanzen zusammen, machen sehr merkwürdige Geschicklichkeitsspiele."

Neben Bürgermeister Witte die beiden Preisträger des diesjährigen Oldenburger Kinder- und Jugendbuchpreises Nikolaus Heidelbach und Heinz Knappe (von links). Bild: Kreier

Der Jury für den Oldenburger Kinder- und Jugendbuchpreis gefiel das Buch ausgezeichnet: Nikolaus Heidelbach erhielt dafür im selben Jahr den Preis. So erfüllte sich sein Traum, dass seine Zeichnungen wie die von Loriot gedruckt wurden und er dadurch berühmt werden konnte.
Nikolaus Heidelbachs Leidenschaft und Begeisterung, Bücher für Kinder zu machen, zeigt sich bei jedem seiner Bücher aufs Neue. Aber warum macht er das so besonders gern?
Er selbst sagt dazu: „Ich beobachte Kinder gerne. Ich finde Kinder ausgesprochen faszinierend. Also ich finde, man kann bei Kindern sehr hinreißende Sachen beobachten, aber auch hinreißende Gemeinheiten. Was mich an Kindern interessiert, sieht man auf meinen Bildern und Bücher mache ich, weil ich etwas zu erzählen habe."

Ein Blick in das Arbeitszimmer von Nikolaus Heidelbach

Aquarellmalerei

Das Wort „Aquarell" kommt aus dem Griechischen und bedeutet „Wasser". Daher meint „Aquarellmalerei" das Malen mit wasserlöslichen Farben. Typisch dafür: Der Malgrund – also des Weiß des Aquarellpapiers – schimmert zart hindurch. Aquarellfarben gibt es in Tuben und Näpfchen. Die allerbesten Pinsel bestehen aus Rotmarder-Haar. Du kannst aber auch viel günstiger ganz gute aus synthetischen, also künstlichen, Haaren kaufen.
Es gibt verschiedene Grundtechniken. Die von Nikolaus Heidelbach erwählte Technik ist das Lasieren, das heißt das Arbeiten mit Farbschichten. Beim Lasieren verwendet man Wasser ganz sparsam, arbeitet mit scharfen Umrandungen und sehr präzise. (Bei der in der Aquarellmalerei beliebtesten „Nass in Nass-Technik" ist dagegen gewünscht, dass die Farben wässrig verlaufen.) Mit Tusche und Feder und Buntstiften kannst du dann dir Wichtiges in deinem Kunstwerk besonders betonen, so wie Heidelbach es macht.
Nikolaus Heidelbachs Vorbild Albrecht Dürer verhalf der Aquarellmalerei ab Ende des 15. Jahrhunderts zu mehr Ansehen, als er begann, seine Skizzen mit Aquarellfarben anzufertigen. Zuvor galt nur das Malen mit Ölfarbe als wahre Kunst. Heute ist die Aquarellmalerei eine anerkannte Kunst. Einige deutsche Künstler wie Emil Nolde und August Macke sind für ihre Aquarelle weltberühmt geworden.

Fühl' mal, das ist Aquarellpapier. Wenn du Lust hast, trage Farbe zunächst dünn und wässrig mit dem Pinsel auf. Wenn sie getrocknet ist, malst du eine weitere dünne Farbschicht darauf. Das kannst du nochmal und nochmal wiederholen. Künstler nennen das: Lasieren. Nikolaus Heidelbach ist ein Meister darin.

Aquarellpapier ist ein ganz hochwertiges Papier, das speziell für die Aquarellmalerei produziert wird. Es hat spezielle Eigenschaften und ist:

* dicker und schwerer als das Papier im Zeichenblock, so dass es nicht so schnell durchweicht und mehr Wasser und Farbe aufnehmen kann

* holzfrei

* säurefrei und damit unempfindlich gegen Licht (so kann das Kunstwerk lange „leben")

Nikolaus Heidelbachs Arbeitszimmer ist klein und gemütlich. Er ist stolz darauf, dass er für seine Arbeit nur Weniges braucht – und ein Quadratmeter genügt ihm völlig. Man merkt sofort, dass ihm Zeichnen und Schreiben richtig Spaß machen, an fast jedem Tag arbeitet er fleißig etwa acht Stunden. Hier taucht er seinen Pinsel gerade in Aquarellfarbe.

Nikolaus Heidelbach fixiert das Original mit weichem Klebeband an einem Holzbrett, so dass es während des Zeichnens nicht wellen und verrutschen kann.
Die Holzplatte sollte 1,5 cm dick sein und aus Span- oder Sperrholz. Du kannst sie dir im Baumarkt für wenig Geld zuschneiden lassen.

Nikolaus Heidelbach legt letzte Hand an den „Lesekrebs", den du vom Umschlag des Kunstführers kennst. Jetzt macht er hochkonzentriert die allerletzten Pinselstriche auf dem Aquarellpapier.

Hier kannst du einen Blick auf seine Malutensilien werfen: unzählig viele Pinsel, Tusche in Fläschchen, Federn, Buntstifte.

Für dich blättert er ein weiteres Buch auf: „Gotische Malerei". Dies ist ein alter Kunstband mit prächtigen Farbtafeln aus der Bibliothek seines Vaters.

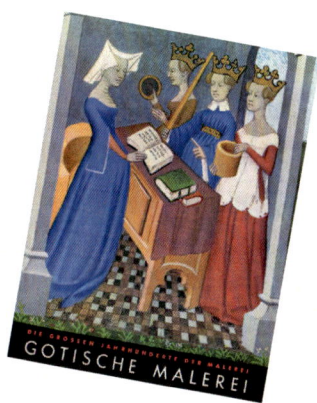

Nikolaus Heidelbach fragte sich viele Jahre selbst, warum er denn nur die Vögel, die er zeichnet, immer so übergroß gestaltet. Bis er neulich dieses Buch aus seiner Kindheit wiederentdeckte, das ihn als kleiner Junge sehr beeindruckte. Jetzt weiß er, wie nicht nur „Babar" sein Zeichnen und Malen beeinflusst hat. Auch die Bilder dieses Buches prägten seinen Malstil.

Allein für „Märchen aus aller Welt" pieksten 164 x 4 Nadeln in fein säuberlichen Reihen an der Tapete – das sind … (ganz schön viele!)

© Fotos Ludwig Dahmen

Die Wände seines Arbeitszimmers sind über- und übersät mit kleinen Stecknadeln. Ist eine Zeichnung fertig, befestigt er sie ganz vorsichtig damit an der Wand. Dann überprüft Nikolaus Heidelbach mit kritischem Blick, ob das Kunstwerk gelungen ist. So sieht er das Bilderbuch Illustration um Illustration „wachsen".

Auf dem letzten Foto siehst du Nikolaus Heidelbach im Schneidersitz auf seinem knallroten Planschrank. Das ist ein Schrank, in dem er seine vielen Originalzeichnungen Schublade für Schublade ordentlich und übersichtlich aufbewahren kann. Zuoberst die früheren Werke, zuunterst die neuen. Hinter ihm an der Tapete sind seine Originale für die Plakate zur Oldenburger Kinder- und Jugendbuchmesse KIBUM festgepinnt. Rechts daneben eine dunkle Truhe, die wie eine geheimnisvolle Schatztruhe aus einer Piratengeschichte aussieht. Knarrend lässt sie sich von ihm öffnen. Und „Schätze" sind auch darin verborgen: Nikolaus Heidelbach bewahrt in ihr Erinnerungen und Zeichnungen aus seiner Jugendzeit auf (siehe S. 7 und 8).

Kinder arbeiten zu Heidelbachs Bilderbüchern

Hast du Lust, deine Aquarellfarben selbst herzustellen?
Wir zeigen dir, wie es geht!

Hier siehst du gelbe, blaue und rote – jeweils dunkle und helle – Farbpigmente in Pulverform. Gelb, blau und rot – das sind die Grundfarben, auch „Primärfarben" genannt. Das Tolle ist: Aus diesen drei Farben kannst du alle, alle anderen Farben mischen. (Farbpigmente kaufst du in speziellen Geschäften für Künstlerbedarf.)

Deckel drauf – und Rosalie schüttelt die Mischung kräftig durch.

Pottasche (Kaliumcarbonat) kennst du vielleicht aus der Weihnachtsbäckerei für Plätzchen- und Lebkuchenteig. (Du findest Pottasche im Supermarkt bei den Gewürzen.)

Gelb und Blau und Rot sind fertig angerührt. Jetzt gießt Meike Dismer die Pottasche als „Kleber" vorsichtig in alle drei Farbflüssigkeiten.

Kostprobe gefällig? Puh, das schmeckt und riecht nicht gerade lecker …

Die Künstlerin Meike Dismer löst etwas Pottasche in heißem Wasser auf. Alte Marmeladengläser mit Deckel eignen sich prima, um Aquarellfarben herzustellen.

Rote Farbpigmente werden in etwas Wasser aufgelöst.

Deckel drauf – und Emely, Sophie und Alina rütteln und schütteln sich und die Farbgläser.

Meike Dismer gibt Speisequark (250 Gramm) zur aufgelösten Pottasche.

Michelle mischt.

Die selbst hergestellten Aquarellfarben sind fertig! Das hat Spaß gemacht und war eigentlich ganz einfach. Und los geht's mit der Aquarellmalerei!

Die Kinder aquarellieren große Papierbögen als Hintergründe für ihre Bilderbuchseiten. Aleyna tupft die Farbe mit einem Schwämmchen auf.

Sophie und Alina arbeiten gerne mit dicken Pinseln.

Alina trägt ganz satt Farbe auf.

Rosalie schneidet Heidelbachs „Königin Gisela" aus Farbkopien. In Rosalies Bilderbuchgeschichte begegnen sich Gisela, Bruno und Ulla auf einer einsamen Insel. Hier kannst du gut die Collagetechnik erkennen: Aus verschiedenen Papiersorten sind Insel, Palmen und Haifischflossen gerissen, geschnitten, geklebt.

Rawas Affen für sein Gisela-Bilderbuch sind richtig gut gelungen.

Die Künstlerin Teréz Fóthy und Rawa überlegen, wie er seine Affen-Geschichte um „Königin Gisela" fortspinnen und weitermalen kann.

In Charlottes Gisela-Bilderbuch spielen Giraffen und Elefanten eine wichtige Rolle.

 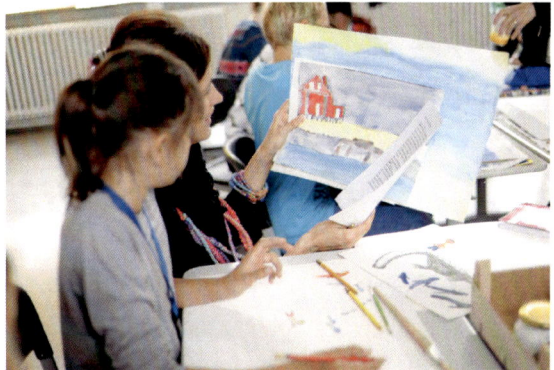 

Marie arbeitet für ihre Seehund-Geschichte wie Heidelbach mit Aquarellfarben und Buntstiften. Sie zeichnet ganz fein, wie du hier sehen kannst.

Emely und Michelle sind beste Freundinnen und arbeiten zusammen an ihrer Seehund-Geschichte, in der Zwillingsjungen nach ihrer Seehundmama suchen.

Michelles süßer kleiner Seehund ist eine Mini-Collage.

Sie guckt in Nikolaus Heidelbachs Bilderbuch „Wenn ich groß bin, werde ich Seehund" nach, wie er sein Seepferdchen gestaltet hat.

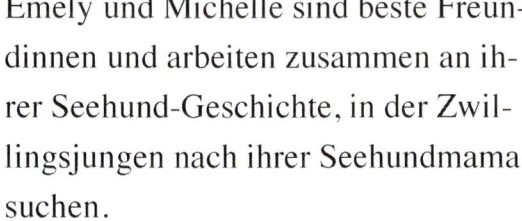

„Teamwork" ist manchmal ganz schön anstrengend – und oft wirklich witzig.

Die „Profis" Teréz Fóthy und Meike Dismer von der Ateliergemeinschaft W.1 unterstützen alle Kinder mit Rat und Tat bei ihren experimentellen Bilderbüchern.

Kristina ersinnt für ihr Bilderbuch ein Abenteuer um Ulla und Bruno.

Beide treffen in Kristinas Geschichte auf Königin Gisela und einen rosa Drachen. Sie malt mit Aquarellfarbe und Buntstiften – wie Heidelbach.

Auch Timothy lässt Ulla und Bruno gemeinsam mit Königin Gisela Spannendes erleben. Hier siehst du seine Collage.

Timothys Geschichte trägt den Titel „Das Mädchen in Atlantis" und steckt voller Fantasie und lustiger Einfälle.

Er zeigt dir hier, wie man den Pinsel „richtig" hält.

Frederike und Leon schreiben an ihren Texten.

© Fotos Philipp Herrnberger

Zuerst schreiben sie in ihre Schulhefte, danach tippen sie ihre Geschichten in den Computer. So erscheint der Text in ihren Bilderbüchern „wie gedruckt" und jeder kann ihn gut lesen.

Nikolaus Heidelbachs Geschichten und Bilder haben den Kindern aus der Klasse 4 a von der Grundschule Ofenerdiek in Oldenburg viel Vergnügen bereitet. Ihre eigenen experimentellen Bilderbücher zu Heidelbach sind auf der 37. Oldenburger Kinder- und Jugendbuchmesse KIBUM zu bewundern, neben den Originalen von Heidelbach.

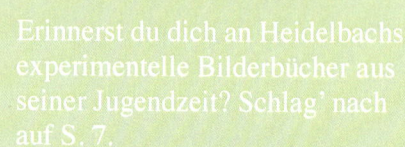

Erinnerst du dich an Heidelbachs experimentelle Bilderbücher aus seiner Jugendzeit? Schlag' nach auf S. 7.

„Königin Gisela" – ein Reiseabenteuer

Ein Urlaubsfoto oder wie Nikolaus Heidelbach zu seinen Ideen findet

Besonders bei fantastischen Geschichten fragen wir uns als Leser oft, wie die Ideen zu den Geschichten entstehen. Nikolaus Heidelbach sagt, dass es für ihn verschiedene Möglichkeiten gibt: „Es gibt die Variante ‚Ich male ein Bild' und merke auf einmal, Moment, dieses Bild ist so vielschichtig, das ist der Kern zu einer Geschichte. Es gibt die Variante, dass ich dasitze und einen Text anfange. Zum Beispiel: ‚In der Nacht zu seinem siebten Geburtstag starb Lorenz Jäger. Vor Aufregung.' Das könnte eine Zelle für ein Buch sein. Und es gibt die Variante, dass ich etwas sehe, woraus ich die Geschichte entwickle."

©Nikolaus Heidelbach: Wie im Bilderbuch

Das Wort „Variante" – das Nikolaus Heidelbach benutzt – bedeutet: Möglichkeit. Heidelbach listet also 3 Möglichkeiten für Ideen zu seinen Bilderbüchern auf:
1. das Bild ist zuerst da ---> dann folgt der Text zum Bilderbuch
2. der Text ist zuerst da ---> dann folgen die Bilder zum Bilderbuch
3. das Erlebnis ist zuerst da ---> dann folgen die Bilder und der Text zum Bilderbuch

Nikolaus Heidelbachs „Königin Gisela" ist eines seiner erfolgreichsten Bilderbücher. Dafür bekam er 2007 den Deutschen Jugendliteraturpreis, das ist Deutschlands bedeutendster Preis für Kinder- und Jugendliteratur.

Die Idee zur fantastischen Gisela-Geschichte entsprang einem Erlebnis. Gebannt beobachtete er in seinem Belgien-Urlaub am Strand ein aufkommendes Unwetter, das in fasziniere und seine Fantasie anregte: „Es gab da ein sehr merkwürdiges Lichtphänomen. Auf der einen Hälfte des Himmels war es nämlich noch hell, aber auf der anderen Hälfte darüber war eine dunkle Wand. Dadurch entstand so eine Art schweflig-gelbes Licht, in dem Weiß ganz stark hervorstach. Mit diesem Eindruck war gleich das Bild von einem kleinen Mädchen da, das auf einem Floß sitzt und gefesselt ist. Ich kann es nicht erklären, warum (…). Als ich das Mädchen dann zu Hause zeichnete, fiel mir gleich ihr Name ein: ‚Königin Gisela'."

Hast du Lust das, was Heidelbach hier mit Worten ausmalt, selbst zu gestalten? Dann hol' doch schnell ein Blatt, Pinsel und deinen Tuschkasten!

Die Idee für „Königin Gisela" war geboren und Heidelbach machte sich an die Arbeit. Denn die begann jetzt erst richtig. Zunächst fertigte er eine Skizze an und dann noch eine und noch eine ... so lange, bis die Farben und Formen auf dem Bild genau den Vorstellungen von Nikolaus Heidelbach entsprachen. Sechs lange Jahre lagen zwischen den ersten Entwürfen und dem Erscheinen des Bilderbuches.
So hat Heidelbach seine Urlaubserinnerung aus Belgien in seinem Bilderbuch festgehalten.

Hast du ähnliche Farben für dein Bild gefunden?

Entwurf zu „Königin Gisela"

Schau dir beide Bilder genau an und finde die Unterschiede! Welches Bild gefällt dir denn besser?

Cover zu „Königin Gisela"

Worum geht es eigentlich in diesem Bilderbuch?

Ein Mädchen fährt mit dem Papa in den Urlaub ans Meer. Er erzählt seiner Tochter die Geschichte von Königin Gisela: Abend für Abend, Stück um Stück. Am letzten Abend ihres Urlaubs erfährt das Mädchen den Schluss.

Gisela – ein sehr reiches Mädchen – unternimmt ohne Eltern eine Reise auf einem Luxusozeandampfer. Der Luxusdampfer sinkt und Gisela rettet sich mit einem Schrankkoffer auf eine Insel.

Erdmännchen begrüßen sie freundlich mit einem Frühstück. Das Besondere: Die Erdmännchen können sprechen. Gisela ist entzückt und entwickelt prompt Ideen für Sklavendienste, die die Erdmännchen ihr leisten sollen. Sie gibt den Erdmännchen Namen und Hüte, so dass sie ihnen besser Befehle erteilen kann. Dabei wird sie immer tyrannischer, bis die Erdmännchen schließlich genug haben. Während sie Gisela zur Königin krönen, rollen sie sie gefesselt auf einem Floß ins Meer, wo sie vermutlich immer noch umhertreibt.

Eine Geschichte in der Geschichte

Nikolaus Heidelbach erzählt in diesem Bilderbuch zwei Geschichten:
1. die Urlaubsgeschichte
und in dieser Urlaubsgeschichte verbirgt sich
2. die eigentliche Geschichte um „Königin Gisela".
Beide Geschichten sind aber miteinander verbunden. Zwischen der Erzählung des Vaters erfährst du immer, wenn er eine Erzählpause macht: „Soviel für heute", sagte Gisela und ging ins Bett. Schon? SAGTE ICH. Soviel für heute, SAGTE PAPA. Gute Nacht." Außerdem findest du auf ganz unterschiedlichen Seiten das „Meermotiv" vom Beginn des Buches (siehe gegenüber).
Solch' eine Idee, zwei Geschichten miteinander zu verknüpfen, findest du nicht nur bei Heidelbach, sondern auch in vielen anderen Erzählungen. Man spricht dann von der sogenannten Rahmenhandlung („außen" = Urlaubsgeschichte) und der Binnenhandlung („innen" = Geschichte mit Königin Gisela). Wenn du die Bilder genau betrachtest, erkennst du auch gestalterisch den Unterschied zwischen beiden Handlungen. Die Urlaubsgeschichte stellt Heidelbach immer in großformatigen Bildern auf einer Seite dar. Für die Geschichte um Königin Gisela entwickelt er mehrere kleine Abbildungen, die nach- und nebeneinander zwischen den Textteilen zu finden sind. Diese Art, mit einer Bilderfolge Geschichten zu erzählen, kennst du sicher vom Comic.

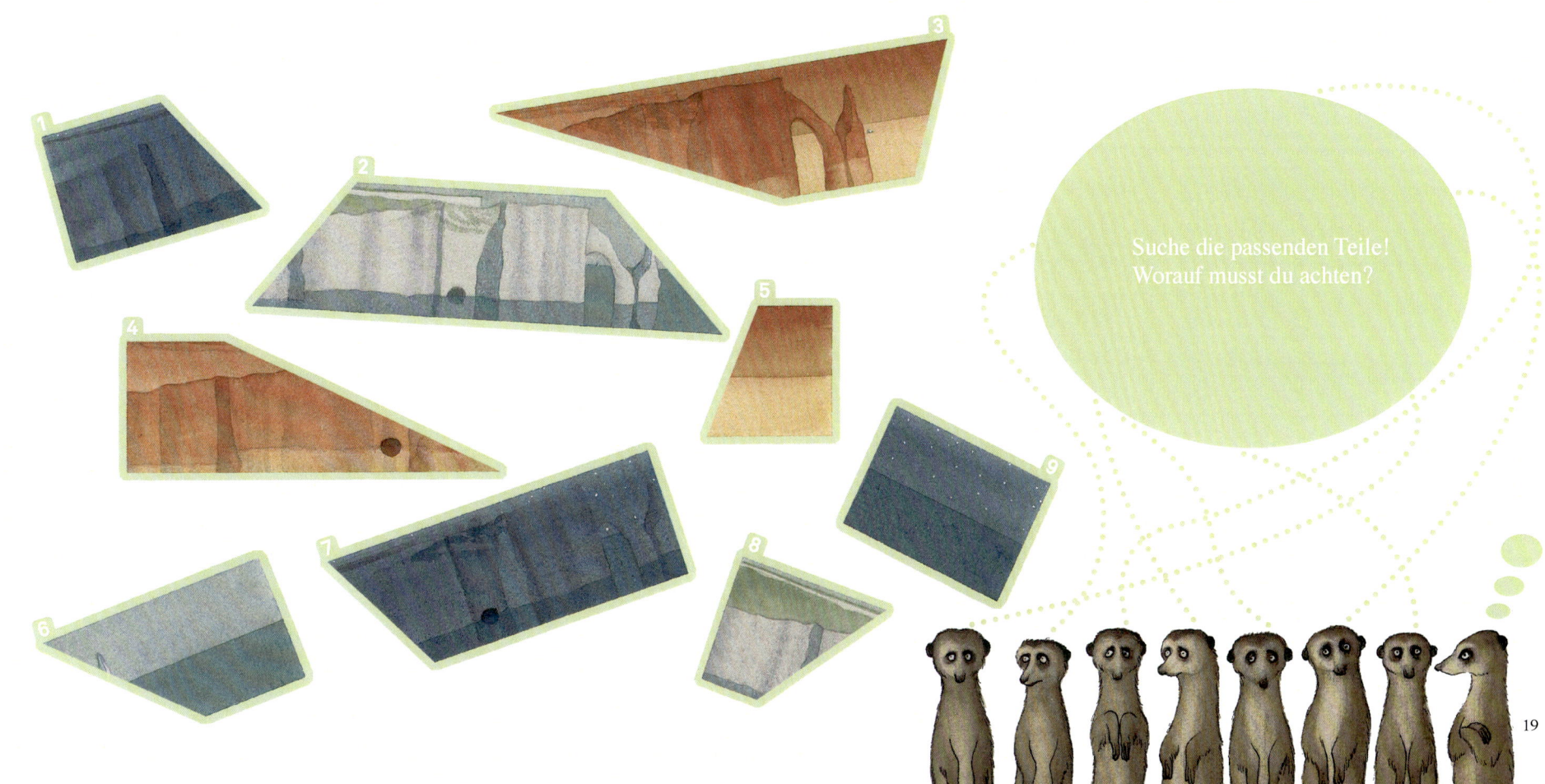

Suche die passenden Teile! Worauf musst du achten?

Gisela – eine Königin?

Schau' dir die Bilder genau an. Gisela wird noch immer gesucht. Beschreibe sie im nachfolgenden Steckbrief so genau wie möglich!

Tipp: Achte auf Giselas Körperhaltung und ihren Gesichtsausdruck. Möchtest du sie zur Freundin haben?

Gesucht wird:

Name:

Alter (ungefähr):

Größe (ungefähr):

Augenfarbe:

Haare/Haarfarbe:

Kleidung:

Unterkunft/Wohnung:

Besondere Merkmale:

Eigenschaften (nett, freundlich, …):

Sonstiges:

Nikolaus Heidelbach und seine Erdmännchen

Nikolaus Heidelbach grübelte zunächst über die Idee, Gisela auf der einsamen Insel eine wilde Affenhorde beizugesellen. Doch es geschah folgendes: Bei seinen häufigen Besuchen im Kölner Zoo – damals waren seine beiden Jungs noch klein – beobachteten die drei immer besonders gerne die Erdmännchen und amüsierten sich über ihre Knuffigkeit. Aber dann erlebten die Heidelbachs eines Tages eine Erdmännchen-Fütterung mit Mäusen … Nikolaus Heidelbach erkannte: Bei aller Possierlichkeit sind und bleiben Erdmännchen Raubtiere. Ihre scheinbar urplötzliche „Verwandlung" in reißende Raubtiere machte er sich für seine Gisela-Geschichte zunutze. Nach diesem Zoo-Erlebnis begann Nikolaus Heidelbach, sie genau zu studieren: Vieles in seiner Darstellung der Erdmännchen in Text und Bild stimmt mit der Wirklichkeit überein. Es ist eine Spezialität von ihm, bei allem Fantastischen sehr wirklichkeitsgetreu zu malen. Schau' dir an, wie exakt er die Felle und Körperhaltungen der Erdmännchen zeichnete.
Übrigens sind sie so lang wie der Kunstführer: 30 cm.

Falls du noch mehr Wissenswertes über Erdmännchen erfahren und tolle Fotos gucken willst: Schlag' nach in dem Buch „Erdmännchen" von Nigel Dennis und David Macdonald. Daraus sind auch diese Fotos.

Anders als in „Königin Gisela" existieren sie nicht auf einer einsamen Insel, sondern in der Wüste Kalahari in Südafrika. In echt leben die Erdmännchen in Kleinfamilien von etwa zehn Tieren beisammen – du erinnerst dich an „Volker-Helmut-Golo-Ottmar-Thorsten-Dieter-Rolf-Charles". Doch kann eine Gruppe auch aus bis zu 30 Erdmännchen bestehen. Erdmännchen sind sehr sozial und kümmern sich rührend umeinander – wie sie im Bilderbuch zu Beginn Gisela umsorgen und verwöhnen. Gerne vergnügen sie sich, sind gesellig, nehmen Sonnenbäder, spielen und tollen umher – guck' dir ihr Animationsprogramm für Gisela an. Sie sind ausgesprochen zäh und überstehen ohne Erdmännchenwimpernzucken sogar Schlangen- und Skorpiongift – wie sie auch Königin Giselas Tyrannei überleben und schließlich siegen.

Prüfe einmal ihre Anzahl auf dem Bild!

Ein Glück, dass sich Nikolaus Heidelbach gegen die Affen und für uns entschieden hat – und was meinst du?

Experimentelles Bilderbuch zu „Königin Gisela"

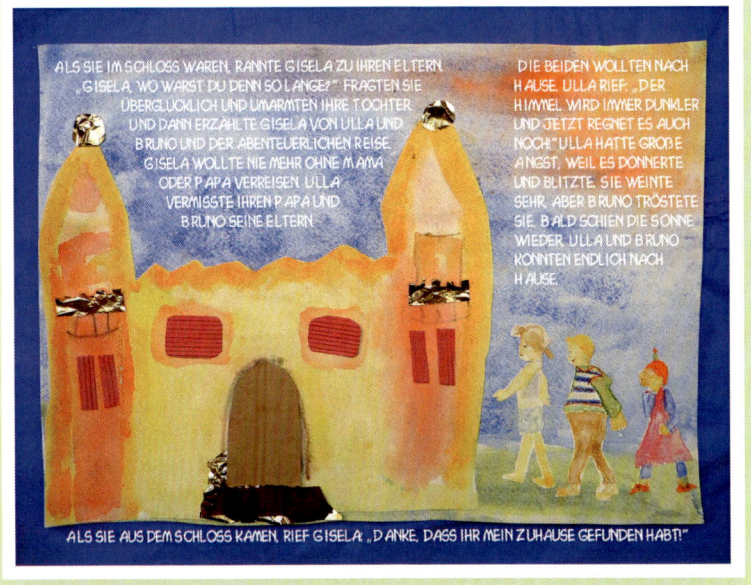

Das Mädchen in Atlantis
von Timothy

Königin Gisela fährt mit ihrem Floß übers Meer. Sie schläft ein. Gisela wird in der Nacht von einem Sturm geweckt. Plötzlich schwappt eine Monsterwelle über sie. Ein Loch bildet sich in Wasser, das Gisela herein zieht. Als sie unten auf dem Meeresgrund ankommt, sie versinkt. Als sie ihre Augen aufmacht, stehen zwei Kinder vor ihr. Sie stellen sich vor als Bruno Barsch und Ulla Ulkenauge. Gisela fragt, ob eines von den beiden Kindern ihr etwas in den Mund gesteckt hat. „Ja", antwortet Bruno Barsch, „Das war eine Wasseratemtablette." „Kein Wunder, dass ich unter Wasser atmen kann. Wo wohnt ihr eigentlich?" „Ah, in Bremen." „Wieso habt ihr dann Flossen?" „Na gut, wir wohnen in Atlantis." „Wo ist Atlantis?" „Hinter dir!" Gisela guckt nach hinten und sieht eine große Insel mit einer Umrandung, worauf steht: ATLANTIS

Die beiden Kinder bringen Gisela zu der versunkenen Insel Atlantis. Ihr Anführer heißt Algengrün und hat einen langen Bart. Er sagt zu Gisela: „Du bist die Auserwählte. Du sollst über Atlantis herrschen, wenn ich tot bin. Ich bin nämlich schon ein alter Mann und kenne die eine Bedingung, wie man Bürgermeister von Atlantis wird." „Und wie ist diese Bedingung?" „Man muss leiden. Als Magdalene Meerjungfrau mit ihren Seepferdchen Gassi ging, habt ihr eine Ahnung, wie ich mein Floß wieder sofort Bericht." Gisela fragt dazwischen: „Apropos Floß, kannst du mir eine Geschichte über mich erzählen", sagt Algengrün. „Ja, aber zuerst möchte ich dir eine Geschichte über mich selber los werden kann?" „Ja, aber meine Mutter ist gestorben und ich musste für mich selber sorgen. Ich war auch mal ein Mensch, wie du. Meine Mutter ist gestorben und ich musste für mich selber Zur Strafe wurde ich in den Atlantischen Ozean geschmissen im Jahr 1800. Hier unten auf der Insel wurde ich aufgenommen." Gisela erzählt aufgeregt: „Mit meinem Uropa ist genau das gleiche passiert und mein Papa war Kapitän und ist im Sturm versunken!"

„Liebe Gisela, ich bin dein Uropa und dein Vater ist unten beim Tempel!" Kaum hat Algengrün fertig gesprochen, ist Gisela schon losgeschwommen, um zu ihrem Vater zu gelangen. Als Gisela ihren Vater findet, schreit sie ganz laut: „Papa!" Papa dreht sich um und fragt: „Entschuldigung, meinen Sie mich?" „Ja, ich meine dich!" „Dann muss ich dich leider enttäuschen, ich heiße nicht Papa, sondern Finn Forelle." „Du heißt Finn Neumann, nicht Finn Forelle!" „So einen Namen hatte ich einmal, aber woher kennst du meinen Nachnamen?" Gisela sagt zu ihrem Vater: „Guck mich genau an." Finn Forelle sieht Gisela genau an und erkennt, dass sie seine Tochter ist. Finn umarmt sie sofort. Er zeigt ihr sein Haus. Finn hat ein Fischtendo DS. Gisela übernachtet bei ihrem Vater. Am nächsten Tag gehen sie zum Palast und machen die Fesseln vom Floß ab. Algengrün erzählt Gisela: „Morgen ist deine Krönung." Gisela sagt: „Ich habe eine Frage an dich. Was passiert, wenn ich tot bin?" „In der atlantischen Schrift steht, dass der zweite Herrscher von Atlantis nicht sterben wird."
Gisela spielt den ganzen Tag mit Bruno Barsch und Ulla Ulkenauge in der Titanic Verstecken. Am nächsten Tag ist die Krönung. Gisela bekommt eine magische Kette. Mit dieser magischen Kette kann sie die Insel vor Angriffen schützen. Am nächsten Tag fährt Finn Forelle mit Gisela ins Krankenhaus. Sie lässt sich beide Beine aboperieren und Flossen anoperieren. Als sie wieder im Palast ankommt, hat Magdalen Meerjungfrau einen Bericht für Gisela.

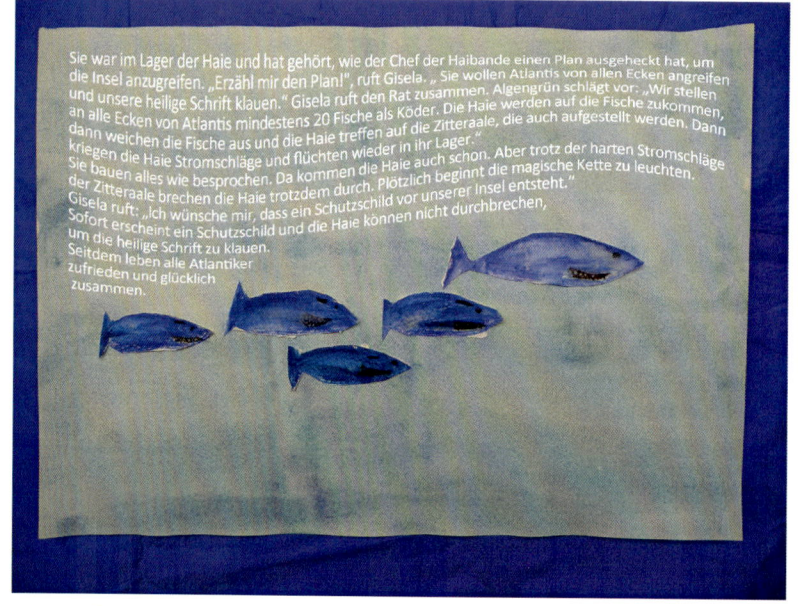

Sie war im Lager der Haie und hat gehört, wie der Chef der Haibande einen Plan ausgeheckt hat, um die Insel anzugreifen. „Erzähl mir den Plan!" ruft Gisela. „Sie wollen Atlantis von allen Ecken angreifen und unsere heilige Schrift klauen." Gisela ruft den Rat zusammen. Algengrün schlägt vor: „Wir stellen an alle Ecken von Atlantis mindestens 20 Fische als Köder. Die Haie werden auf die Fische zukommen. Dann weichen die Fische aus und die Haie treffen auf die Zitteraale, die auch aufgestellt werden. Dann kriegen die Haie Stromschläge und flüchten wieder in ihr Lager." Sie bauen alles wie besprochen. Da kommen die Haie auch schon. Aber trotz der harten Stromschläge der Zitteraale brechen die Haie trotzdem durch. Plötzlich beginnt die magische Kette zu leuchten. Gisela ruft: „Ich wünsche mir, dass ein Schutzschild vor unserer Insel entsteht." Sofort erscheint ein Schutzschild und die Haie können nicht durchbrechen, um die heilige Schrift zu klauen.
Seitdem leben alle Atlantiker zufrieden und glücklich zusammen.

„Wenn ich groß bin, werde ich Seehund" – eine Verwandlungsgeschichte

„Seehundgesang" – Ein Buch, eine Idee!

Nikolaus Heidelbach hat uns 3 Möglichkeiten gezeigt, wie er zu seinen Bildern und Geschichten kommt (schau' auf S. 17). 23 Jahre lang bestimmten diese 3 Möglichkeiten seine Arbeit als Bilderbuchkünstler. Doch dann geschah im Jahr 2005 etwas Überraschendes – und Möglichkeit Nummer 4 eröffnete sich:

Er entdeckte ein ganz besonderes Buch mit dem Titel „Seehundgesang", das irische und schottische Sagen enthält. Nikolaus Heidelbach tauchte darin ab ...

Der Engländer David Thomson – der Autor des Buches – wanderte in den Jahren zwischen 1940 und 1950 immer wieder durch das Hochland Schottlands und an der Westküste Irlands. Er war gefesselt von den Seehundgeschichten, die ihm die Menschen erzählten, und schrieb sie in seinem Buch „Seehundgesang" auf. Die „selchies" – so heißen die grauen Seehunde des Atlantiks dort, bei uns heißen sie „Kegelrobben" – beflügelten die Fantasien der am Meer lebenden Menschen seit Urzeiten. Man munkelt: selchies sehen uns mit menschlichen Augen an, selchies können singen, kleine selchies weinen wie Menschenbabies und Menschenbabies werden sogar von weiblichen Seehunden liebevoll gesäugt. Besonders schillernde Fantasien ranken sich um die Seehundfrauen: Als 5-jähriger kleiner Junge hörte David Thompson zum ersten Mal von einer angeblichen Seehundfrau mit dem Namen Mrs. Carnoustie. Nie vergaß er jemals, wie fantasievoll La, die Cousine seiner Mutter, Mrs. Carnoustie mit Worten ausmalte: *„Sie sah sehr glatt und glitschig aus"*, ihre Arme *„wie Flossen, und sie hielt sie an den Seiten oder über der Brust"*. Mrs. Carnoustie besaß *„zwei Plattfüße, die seitlich herausstanden"*, sie trug *„immer ein langes, graues, glänzendes Kleid"* und ihre Augen waren *„groß"* und *„braun"*. *„Der Mund war irgendwie groß und breit"* und *„sie hatte auch so eine Art Schnurrbart"* und *„schwarze, glänzende Haare – eine Menge, aber sie waren dicht am Kopf und sehr glatt."* Und: *„Schwimmen durfte sie nicht."*

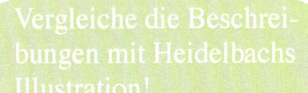

Vergleiche die Beschreibungen mit Heidelbachs Illustration!

Worum geht es in Nikolaus Heidelbachs Bilderbuch „Wenn ich groß bin, werde ich Seehund"?

Erzählt wird die Geschichte eines Jungen, der mit seinen Eltern am Meer lebt. Gemeinsam mit seiner Mama erledigt er den Haushalt, während sein Papa zum Fischen fährt. Nach getaner Arbeit darf er schwimmen gehen. Und Schwimmen ist seine Lieblingsbeschäftigung. Seine Mama geht nie schwimmen, weiß aber wunderbare Geschichten vom Meer zu erzählen und kennt alle Meeresbewohner.

Woran kannst du die Lieblingsbeschäftigung des Jungen erkennen?

Eines Nachts sieht er, wie sein Papa ein glänzendes Seehundfell aus dem Schuppen holt. Nun ist er überzeugt davon, dass sein Vater ein zum Mensch gewordener Seehund ist.
Er findet das Seehundfell im Sofakasten und aufgeregt berichtet er seiner Mama von seiner Entdeckung: „Ich hab sein Fell gefunden. Der Papa ist ein Seehund!" Sie besänftigt ihn: „Leider nein, mein Kleiner (…) So was haben viele Fischer und sind doch keine Seehunde."

Am nächsten Morgen ist seine Mama verschwunden, das Fell auch. Er lebt nun allein mit seinem Papa: „Ab und zu finde ich am Strand auf dem großen Stein zwei frische Makrelen. Ich glaube, Mama kommt nicht zurück."

Die irischen und schottischen Sagen erzählen: Dreimal im Jahr kommen die Seehunde – wenn der Vollmond am hellsten ist – an Land, streifen ihr Fell ab und nehmen menschliche Gestalt an. Im alten Lied „Die Seefreude der Seehundfrau" verliebt sich ein Inselmann in eine Seehundfrau, „versteckt schlau ihr Fell und heiratet sie in der dritten Nacht, nachdem er sie gefunden hat". Die beiden bekommen einen Jungen, der eines Tages zu seiner Mutter gestürmt kommt: „Ach Mutter, Mutter", rief er, „ist das nicht ein wunderliches Ding, das ich da gerade in der alten Gerstekiste gefunden habe, und es fasst sich weicher an als Nebel!"

Die Seehundmama hat große Sehnsucht nach dem Meer, sie verlässt Mann und Sohn, denn sie kann nun – angetan mit ihrem Seehundfell – ins Meer zurückkehren. Aber sie hinterlässt ein Zeichen ihrer Fürsorge und Liebe: „Du lüttes (= kleines) Bürschchen meines Herzens (...) ihr (sollt) euer Netz von diesem Felsen auswerfen, und deine Mutter wird die feinen Fische hineintun."

©Seehundstation Nationalpark-Haus

Wer erzählt die Geschichten?

In Geschichten gibt es immer einen Erzähler, von dem wir erfahren, was wie geschieht. Dieser Erzähler kann – wie beispielsweise im Märchen – allwissend sein. Das bedeutet: er weiß alles über alle Figuren, sogar das, was sie denken und fühlen, und erzählt dies dem Leser. Übrigens findest du in den meisten Büchern für Kinder solch' einen allwissenden Erzähler. In Heidelbachs Bilderbuch „Wenn ich groß bin …" verhält es sich anders, denn dort ist der Erzähler nicht allwissend. Als ersten Satz des Jungen liest du: „Schwimmen habe ich nie gelernt, ich konnte es schon immer." Hier erzählt der Junge selbst als sogenannter Ich-Erzähler die Geschichte und wir erfahren das Geschehen nur aus seiner Sicht. Wir erfahren nicht, was die Mama und der Papa denken und fühlen.

27

Die geheimnisvolle Welt des Meeres

Das Meer übt auf den Jungen eine enorme Faszination aus. Er bringt von seinen Tauchabenteuern stets eine Kostbarkeit für seine Mama vom Meeresgrund mit. Gemeinsam erzählen sie vom Meer und den Meeresbewohnern.
In der nachfolgenden Abbildung vermischen sich Realität und Fantasie auf wunderbare Weise.
Nikolaus Heidelbach hat übrigens an der Gestaltung viele, viele Wochen gearbeitet und ist – wie er selbst sagt – „darüber fast verrückt geworden".

Kannst du dir vorstellen warum?

Finde den Fisch mit den vielen kostbaren Ringen! Gib ihm einen Namen.

Zähle die Augen des Fisches mit der Krone auf dem Haupt!

Suche ein Schalentier mit menschlichen Körperteilen!

Suche den Fisch, der einen Schnurrbart trägt!

Wie viele Meeresbewohnerinnen kannst du finden?

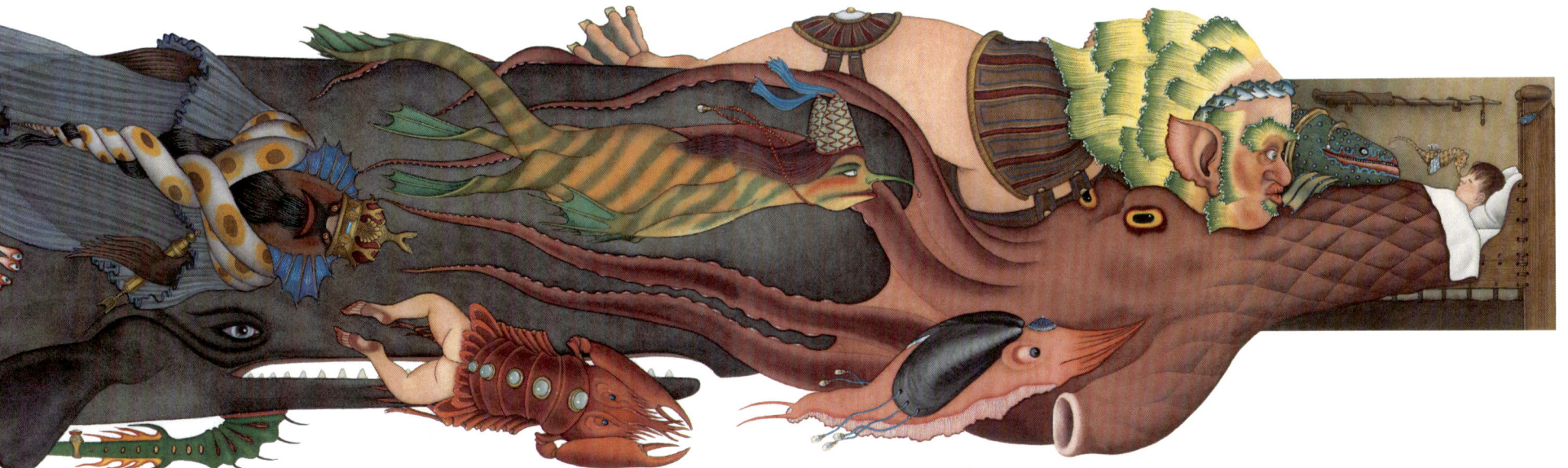

Manche Meeresbewohner tragen sogar eine Kopfbedeckung. Finde sie!

Ich machte vor einiger Zeit Urlaub in Carcans, das ist ein französischer Badeort am Atlantik in der Nähe von Bordeaux. Da gibt es sehr hohe Wellen, es ist richtig gefährlich, im Wasser zu schwimmen, Rettungsschwimmer überwachen die Badenden. Überhaupt: Man schwimmt nicht – man tobt in den Wellen herum. Stell' dir ein buntes Gewimmel im Wasser vor, überall Leute in kuriosen Monturen und mit Zubehör, die auf- und sofort wieder untertauchen. Mittendrin taucht plötzlich ein Froschmann direkt vor mir aus dem Wasser auf und ich denke: „Ein noch größerer Idiot!" Er und ich glotzen uns also sekundenlang an und auf einmal werden Rufe laut: „Un phoque! Ein Seehund!"– und der „Froschmann" taucht ab …

© Beate Spreen

Nikolaus Heidelbach selbst sagt: „Ich liebe das Meer. Ich finde es faszinierend. Für Kinder ist es auch faszinierend. Und das Meer ist schön zu malen."

Experimentelles Bilderbuch zu „Wenn ich groß bin, werde ich Seehund"

„Ein Buch für Bruno" – ein fantastisches Buchabenteuer

Lesen verleiht Flügel – Geschichten, die lebendig werden

Sicher hast du das schon einmal erlebt: Ein Buch ist einfach so spannend, dass alles, was darin geschrieben steht, für dich lebendig wird und du in die Welt des Buches regelrecht eintauchst. Nikolaus Heidelbach greift diese Faszination in seiner Geschichte auf: Seine beiden Helden Ulla und Bruno leben zunächst ganz normal. Doch dann entführt er sie in die Welt des Buches, in der sie nun aufregende Abenteuer bestehen.

In ähnlicher Weise besitzt Meggie in dem Buch „Tintenherz" von Cornelia Funke die Gabe, durch ihr magisches Lesen Lebewesen und Gegenstände aus dem Buch lebendig werden zu lassen. Auch in anderen Büchern der fantastischen Literatur findest du dieses Motiv des Eintauchens in fantastische Welten.

Welche Figuren geben dir einen Hinweis darauf, dass Bruno sich hier in einer fantastischen Welt befindet?

Fantastisches gibt es in Geschichten seit Urzeiten – seit sich die Menschen Sagen und Märchen erzählen.

England gilt als Land der „Erfinder" von fantastischen Erzählungen speziell für Kinder. Du erinnerst dich vielleicht an „Alice im Wunderland" (Lewis Carroll), „Peter Pan" (J. B. Barrie), „Mary Poppins" (P. L. Travers) oder den „Kleinen Hobbit" von J. R. R. Tolkien.

Ein häufiges Merkmal von fantastischer Kinderliteratur ist, dass 2 Welten nebeneinander bestehen: die wirkliche (= reale) und die fantastische. In die fantastische Welt können die Protagonisten (= Haupfiguren) des Buchs durch Spiegel, Bücher, Wandschränke oder auch Türen gelangen.

In Deutschland war nach dem 2. Weltkrieg Otfried Preußler – neben James Krüss – der erste, der ab 1956 fantastische Geschichten für Kinder ersann. Du kennst von ihm sicherlich den „Kleinen Wassermann", „Räuber Hotzenplotz", „Das kleine Gespenst" oder sogar „Krabat". Ebenso wichtig wie Preußler ist für die deutsche fantastische Literatur Paul Maar. Sein erstes „Sams" erschien 1973 und ist als Buch- und Filmfigur berühmt geworden. Michael Ende veröffentlichte 1960 „Jim Knopf", seine „Unendliche Geschichte" (1979) wurde ein Welterfolg. Erstmals gaben auch Erwachsene zu, begeistert fantastische Kinder- und Jugendliteratur zu lesen. Falls du leidenschaftlich gern liest, kennst du bestimmt auch den Namen einer anderen bedeutenden Kinderbuchautorin aus Deutschland: Cornelia Funkes „Tintenwelt"-Trilogie eroberte von 2003 bis 2007 die Bücherregale in Kinderzimmern (Trilogie heißt, dass es drei Bände davon gibt). Kurz zuvor trat „Harry Potter" von der Engländerin Joanne K. Rowling einen fantastischen Siegeszug um die Welt an. Es war wie im Märchen: Die arme Autorin wurde durch „Harry Potter" zur Multimillionärin.

Anders als in England und Amerika, streiten sich in Deutschland die Experten über fantastische Kinder- und Jugendliteratur.
Unbestritten ist: Kein anderer Lesestoff bringt selbst lesemuffelige Kinder so zum Lesen wie Fantastisches.

Und ist nicht allein das schon wirklich fantastisch? Was meinst du?

Worum geht es in „Ein Buch für Bruno?"

Ulla Herz – ein Mädchen, ungefähr 9 Jahre alt, verbringt viel Zeit mit Lesen und Nachdenken. Manchmal bekommt sie Besuch von Bruno Würfel, der gern mit neuen Sachen angibt. Ulla mag Bruno. Er jedoch hat wenig Interesse an ihr. Ulla sucht nach einer Möglichkeit ihn in ihre Welt, in die Welt der Bücher, zu entführen. Mit einem geheimnisvollen Buch gelingt es ihr schließlich. Gemeinsam tauchen sie in die Welt des Buches ein und erleben ein Abenteuer. Bruno rettet Ulla vor einem gefährlichen Drachen. Am Ende finden sich beide wohlbehalten wieder zu Hause bei Ulla, die den Buchdeckel schließt.

Können Bilder auch erzählen?

Die Bilderbuchgeschichte „Ein Buch für Bruno" hat einen interessanten Aufbau: Zunächst erzählt uns – so wie wir es von Geschichten kennen – ein Text von Ulla.
Bilder, auf denen es viel zu entdecken gibt, ergänzen das Erzählte.

Finde ein Möbelstück, das an ein Tier erinnert!

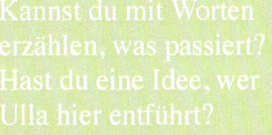

Ulla Herz war gerne zu Hause. Den ganzen Tag konnte sie in der Bibliothek ihres Vaters sitzen, ohne sich zu langweilen. Sie las oder dachte nach oder sah sich die Bilder in den Büchern an. Ihr Vater hatte sogar ein Regalbrett für Ullas eigene Bücher freigeräumt. Und außerdem hatte sie die Erlaubnis, jedes Buch zu nehmen, das sie wollte – solange sie sorgfältig damit umginge. Nicht jedes Kind kann das.

Kannst du mit Worten erzählen, was passiert? Hast du eine Idee, wer Ulla hier entführt?

Ab dem Moment, als Ulla mit Bruno in die Welt des Buches schwingt, findest du keinen Text mehr. Von dem Abenteuer der beiden erfährst du allein durch die Bilder. Nun bist du als Betrachter mit all' deiner Fantasie gefragt, eine Geschichte dazu zu fabulieren. Außerdem erkennst du so den Wechsel von der realen in die fantastische Welt.

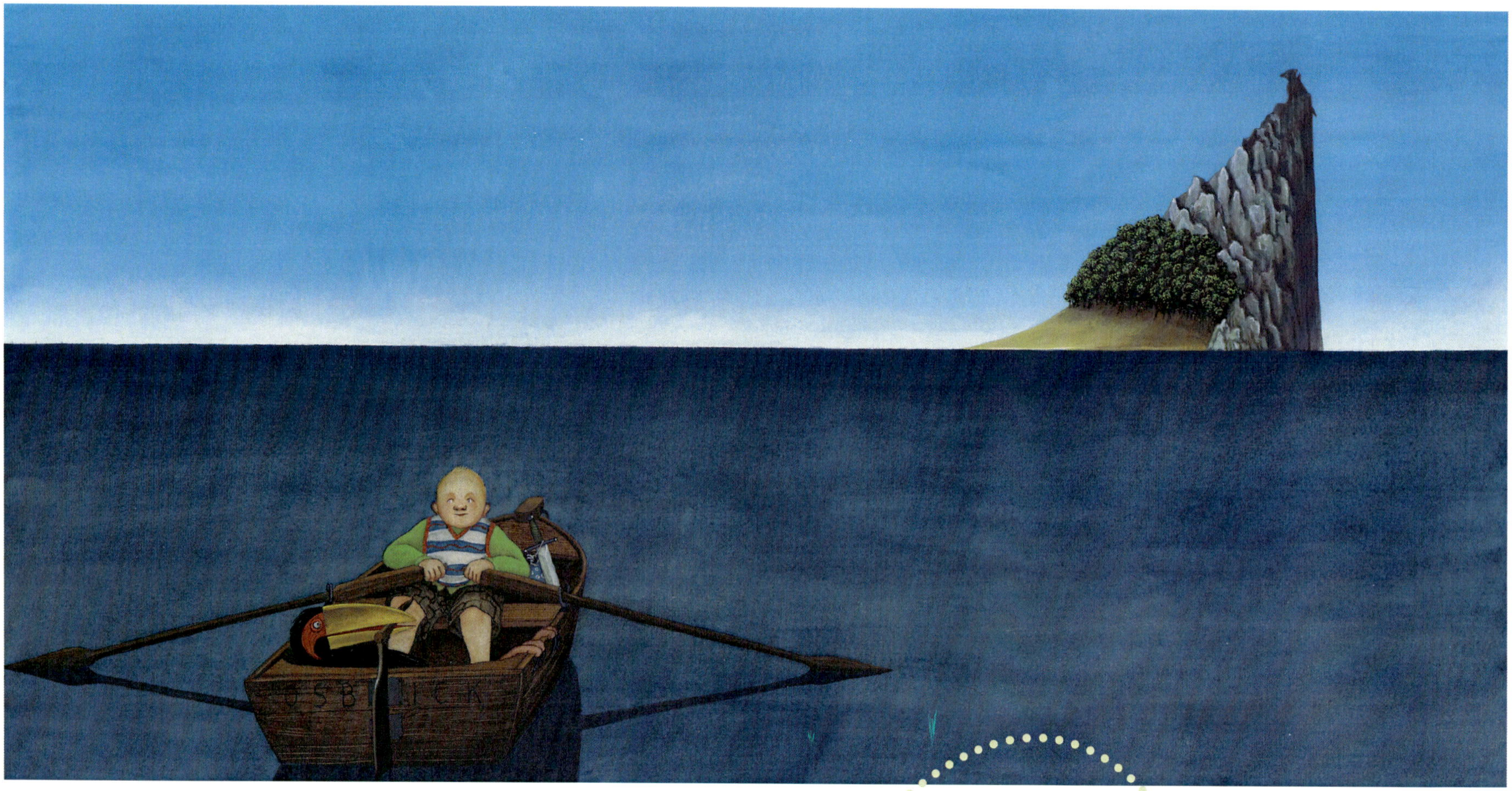

Was meinst du, wie könnte Bruno Ullas Befreiung gelingen?

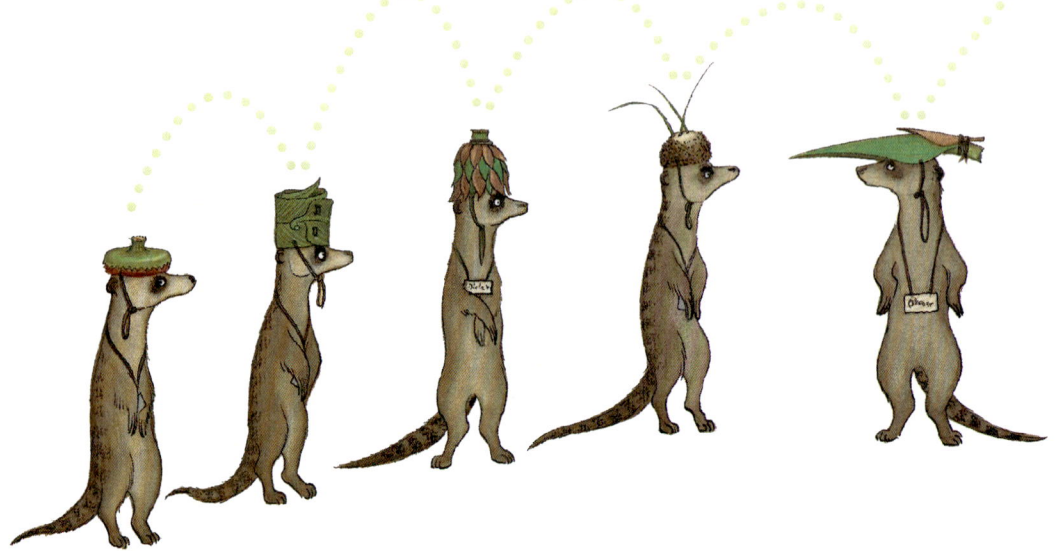

Ulla und Bruno – zwei fantastische Helden

Ulla mag Bruno, obwohl er sich für ganz andere Dinge interessiert als sie. Nikolaus Heidelbach schreibt bzw. malt den beiden unterschiedliche Eigenschaften zu. Auf diese Weise wird für uns als Leser die Beziehung der beiden spannend.

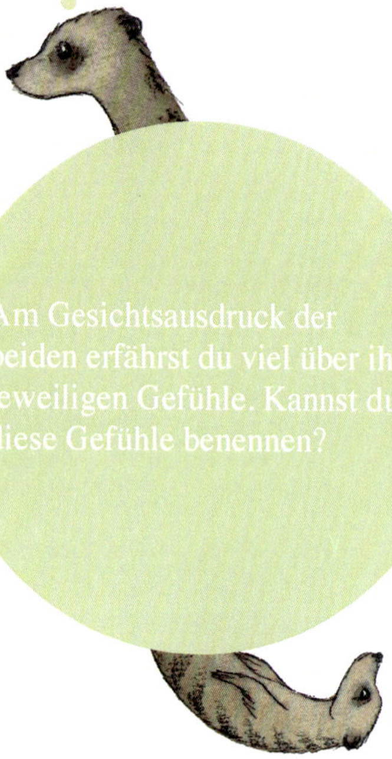

Am Gesichtsausdruck der beiden erfährst du viel über ihre jeweiligen Gefühle. Kannst du diese Gefühle benennen?

Nun möchten wir uns von dir verabschieden. Vielleicht hast du ja Lust, auch ein experimentelles Bilderbuch zu gestalten? Tipps findest du auf den Seiten 13 bis 16 und Anregungen kannst du dir von den Beispielen im Kunstführer holen. Wir wünschen dir ganz viel Spaß dabei!

Experimentelles Bilderbuch zu „Ein Buch für Bruno"